국제PEN한국본부
창립70주년기념 시인선

12

발표할 수 없는 소설

장사현 시집

International PEN-Korea Center

국제 PEN 헌장

국제PEN은 국제PEN대회 결의에 따라 다음과 같이 헌장을 선포한다.

1. 문학은 각 민족과 국가 단위로 이루어지나, 그 자체는 국경을 초월하여 그 어떤 상황 변화 속에서도 국가 간의 상호 교류를 유지해야 한다.

2. 예술 작품은 인간의 보편성에 바탕을 두고 길이 전승되는 재산이므로 국가적 또는 정치적 권력으로부터 간섭을 받아서는 안 된다.

3. 국제PEN은 인류 공영을 위해 최대한의 영향력을 발휘해야 하며 종족, 계급 그리고 민족 간의 갈등을 타파하는 동시에 전 세계 인류가 평화롭게 살아갈 수 있다는 이상을 실현하기 위하여 최선을 다해야 한다.

4. 국제PEN은 한 국가 안에서나 또는 세계 여러 나라에서 사상의 교류가 상호 방해 받지 않는다는 원칙을 준수하며, PEN 회원들은 각자 국가나 지역사회에서 어떤 형태로든 표현의 자유를 억압하는 데 반대할 것을 선언한다. 또한, PEN은 출판 및 언론의 자유를 주창하며 평화시의 부당한 검열을 거부한다. 아울러 PEN은 정치와 경제의 올바른 질서를 지향하기 위해 정부, 행정기관, 제도권에 대한 자유로운 비판이 필수적이고 긴요하다는 사실을 확신한다. 이와 함께 PEN 회원들은 출판 및 언론 자유의 오용을 배격하며, 특정 정치 세력이나 개인의 부당한 목적을 위해 사실을 왜곡하는 언론 자유의 해악을 경계한다.

　이러한 목적에 동의하는 모든 자격 있는 작가들, 편집자들, 번역가들은 그들의 국적, 언어, 종족, 피부 색깔 또는 종교에 관계없이 어느 누구라도 PEN 회원이 될 수 있다.

(사) 국제 PEN 한국본부 연혁

국제PEN본부는 1921년에 창립되어 2023년 3월 현재 145개국 154개 센터가 회원으로 가입돼 있는 세계적인 문학단체이다. 국제PEN본부는 영국 런던에 본부를 두고 있으며 특히 UN 인권위원회와 유네스코 자문기구로 현재 전 세계 문인, 번역가, 편집인, 언론인들의 표현의 자유를 옹호하고 인권 문제를 다루고 있는 단체이다.

한국PEN은 1954년 9월 15일 변영로·주요섭·모윤숙·이헌구·김광섭·이무영·백철 선생 등이 발기하여 같은 해 10월 23일 당시 서울 소공동 소재 서울대학교 치과대학 강당에서 창립총회를 열고 국제펜클럽한국본부로 공식 출범하였다. 국제펜클럽한국본부는 그 이듬해인 1955년 6월 비엔나에서 열린 제27차 세계대회에서 정식회원국으로 가입하고 그해 7월에 인준을 받아 오늘에 이르렀으며 2022년 3월 현재 회원 수는 4,000여 명이다.

(사)국제PEN한국본부(International PEN Korea Center)는 역사와 권위를 자랑하는 국제적 문학단체로서 회원들의 양심과 소신에 따른 저항권과 표현의 자유를 옹호하고 구속작가들의 인권문제를 다루며 한국의 우수 문학작품을 번역,

세계 각국에 널리 알리고 우리 민족의 고유문화와 전통문화 등을 해외에 소개하는 한편 세계 각국과 문화 교류 및 친선을 도모하는 데 주도적 역할을 담당하고 있다.

1954. 10. 23.	국제펜클럽한국본부 창립
1955.	제27차 국제PEN비엔나대회에서 회원국 가입
	『The Korean PEN』영문판 및 불어판 창간
1958.	국내 최초 번역문학상 제정
1964.	PEN 아시아 작가기금 지급(1970년 제6차까지)
1970.	제37차 국제PEN서울대회 개최(60개국 참가)
1975.	『PEN뉴스』창간. 이후『PEN문학』으로 제호 변경
1978.	한국PEN문학상 제정
1988.	제52차 국제PEN서울대회 개최
1994.	제1회 국제문학심포지엄 개최
1996.	영문계간지『KOREAN LITERATURE TODAY』창간
2001.	전국 각 시도 및 미주 등에 지역위원회 설치
2012. 9.	제78차 국제PEN경주대회 개최
2015. 9.	제1회 세계한글작가대회 개최
2016. 9.	제2회 세계한글작가대회 개최
2017. 9.	제3회 세계한글작가대회 개최
2018. 11. 6~9.	제4회 세계한글작기대회 개최
2018. 8. 22.	정관개정에 의해 국제PEN한국본부로 개명
2019. 2.	PEN번역원 창립
2019. 11. 12~15.	제5회 세계한글작가대회 개최
2020. 10. 20~22.	제6회 세계한글작가대회 개최
2021. 11. 2.~4.	제7회 세계한글작가대회 개최
2022. 11. 1.~4.	제8회 세계한글작가대회 개최

국제 PEN 한국본부 창립 70주년
기념 선집을 발간하며

　국제PEN한국본부는 1954년에 창립되고 이듬해인 1955년 6월 오스트리아의 빈에서 열린 제27차 국제PEN세계대회에서 회원국으로 가입되었다. 초대 이사장은 변영로 선생이 맡고 창립을 주선했던 모윤숙 시인이 부이사장을 맡았다. 이하윤, 김광섭, 피천득, 이한구 등과 함께 창립의 중심 역할을 했던 주요섭이 사무국장을 맡았다.

　6·25한국전쟁이 휴전된 지 겨우 1년이 되는 시점에 이루어 낸 국제PEN한국본부의 창립은 매우 깊은 의미를 담는 거사였다. 그동안 국제PEN한국본부는 세 차례의 국제PEN대회와 8회의 세계한글작가대회를 개최하며 수많은 국내외 행사를 주최해 왔다. 이에 내년 2024년에는 창립 70주년을 맞이하게 되어 그 기념사업의 일환으로 PEN 회원들의 작품 선집을 발간하기로 하였다.

　여러 가지 기념사업을 진행하지만 회원들의 주옥같은 작품집을 선집으로 집대성하여 남기는 일은 가장 중요하고 의미 있는 일이라 생각한다.

    시와 산문으로 구성되는 선집은 우리 한국문학사의 중요한 족적을 남기는 귀중한 역사 자료로서의 가치를 갖게 되리라고 믿으며 겸허한 마음으로 70주년을 자축하는 주요 사업으로 진행하게 된다.

    참여해 주신 회원들께 감사하며 어려운 여건 속에서도 기꺼이 출판을 맡아 준 기획출판 오름의 김태웅 대표와 도서출판 교음사의 강병욱 대표에게 심심한 감사를 드린다.

2023년 7월

국제PEN한국본부 이사장 김용재

시인의 말

한 번도 당당한 적이 없었습니다.
뭐 하나 내세울 게 없었습니다. 그러나 늘 화려한 모습으로 무대에 섰습니다.

양반가문이 몰락하면서 화전민의 아들로 태어나 산촌에서 힘겹게 살았습니다.
중학교 문전에도 못 가봤습니다. 그런데 눈물의 알갱이들이 모여 경찰공무원이 되어 20성상 국가가 명하는 대로 일을 했습니다. 모두들 당당한 사람들 가운데서 어깨 한번 제대로 못 펴고 일만 했습니다. 남들이 다 버는 돈도 벌지 못했습니다. 그러나 두 아들을 서울대학교와 부산교대를 보내서 입법고시와 교사임용고시를 통과시켜 국가에 맡겼습니다. 그러는 가운데 다행히 좋은 별명은 붙었답니다.
'영국 신사!'
'장 박사!'

운명처럼 또 다른 길을 가게 되었습니다.
더 힘겨운 짐을 지고 허덕이게 되었습니다.

문학에 심취하여 대학 강단에서 강의를 16년간 하였습니다. 20년 넘게 문예운동을 하면서 문예지를 만들고 있습니다. 인맥도 없고 돈도 없어서 온갖 구설에 말리며 구차한 발버둥을 치면서 그 일을 하고 있습니다. 아내가 힘겹게 버는 돈을 얻어 출판에 보태고 있습니다. 그 아내는 100세 시어머니를 봉양하고 있습니다. 나는 좋은 시 한 편, 좋은 수필 한 편을 못 지으면서 일천 명이 넘는 사람들에게 문학을 가르쳤고 수백 명 제자 어깨에 별을 달아주고 있습니다. 참 우습지요.

　이건 소설입니다.
　그러나 소설의 형식을 갖추지 못하여 그 이름을 빌릴 수 없기에 발표할 수 없습니다. 그래서 흑백활자 속에 보관만 하려합니다. 발표할 수 없는 소설을.

2023년 초여름,
청도 松巖亭謝에서

차례

국제PEN헌장
(사)국제PEN한국본부 연혁
국제PEN한국본부 창립 70주년 기념 선집 발간사

008 _ 시인의 말

1부 _ 검정고무신

017 _ 검정고무신
019 _ 처음 시를 쓴 날
021 _ 화전민 소개령
022 _ 신체검사 받던 날
024 _ 봄이 오는 냄새
025 _ 똥방위, 금방위
026 _ 경찰봉警察棒
027 _ 돈 안 먹은 놈
028 _ 중학교 문전에도 못 가본
029 _ 며느리 밑씻개
030 _ 억새풀
031 _ 달개비(꽃)

2부 _ 미루나무

035 _ 춘양역에서
036 _ 다시 찾은 춘양역
038 _ 두내동 예찬
040 _ 두내동 사람들
041 _ 두내천의 흐름
042 _ 병목 거리
043 _ 진달래꽃 2
044 _ 재 넘어 여기까지
045 _ 주실령 아리랑
046 _ 주실령의 석양
048 _ 춘양목을 바라보며
050 _ 미루나무

3부 _ 백치 아다다

055 _ 청계사 계곡
056 _ 봉선화
057 _ 벚꽃터널 아래서
058 _ 개불알꽃
059 _ 진달래꽃
060 _ 목 백일홍

061 _ 배꽃
062 _ 경계를 넘어
063 _ 인어공주
064 _ 백치 아다다
066 _ 지푸라기 같은 법궤
068 _ 수묵화 속의 길에서 길을 찾다
070 _ 어쩌랴, 이 먼 거리를

4부 _ 연습 대상 아내는 지금도 연습 중

075 _ 서원誓願 기도
076 _ 새벽송
077 _ 신의 사자
078 _ 삼태성을 안다
079 _ 화전火田에서 일군 꿈
080 _ 묘약
082 _ 어머니와 산중 일기
084 _ 아버지와 고담소설
085 _ 풍요豊饒
086 _ 쌈
088 _ 연습 대상 아내는 지금도 연습 중
090 _ 매화
091 _ 인식

5부 _ 불구경

095 _ 지게
096 _ 분필
098 _ 잔치국수
100 _ 대숲의 장광설
102 _ 불구경
104 _ 등불
105 _ 매미소리
106 _ 변명
108 _ 산사의 풍경소리
110 _ 초원복국집
112 _ 지워주지 못한 흔적
113 _ 시인이란

6부 _ 유등지 연가

117 _ 시계가 멈춰진 유천마을
118 _ 유등지 연가
119 _ 유호연지 柳湖蓮池
120 _ 맛
122 _ 질메
123 _ 청도의 코스모스 길

124 _ 석계종택石溪宗宅에서

126 _ 벽파 김철진 시인을 생각하며

127 _ 발해마을

128 _ 그대의 창窓

129 _ 부용대에서

130 _ 겸암정사謙菴精舍를 바라보며

131 _ 서평 | 김동원
　　　/ 달빛에 물든 상처와 햇빛에 여문 시 /

1부
검정고무신

검정고무신은 진짜 표답게 질기고 질겼다.
그 질긴 고무신처럼 내 역경의 세월도 질겼다.
째지고 터져 더덕더덕 기워진 상처는 아프고
시커먼 먹구름은 걷힐 줄 몰랐다.

검정고무신

포플러나무 꺾꽂이 하던 봄날, 박희열 선생님이
권재춘 씨 점방에서 검정 고무신을 사주셨다.

"이거 신어라. 가난이 무서운 게 아니고 자신을
이기지 못하는 게 무서운 거란다. 공부 열심히
하여 나중에 훌륭한 사람이 될 거라."

맨발로 다녀야 했던 초등학교 2학년 시절
하늘은 높고 푸르렀다. 그 하늘 너무 높아
포플러나무 사닥다리를 타고 올라 내 꿈의
보따리를 높이 걸어두었다.

검정고무신은 진짜 표답게 질기고 질겼다.
그 질긴 고무신처럼 내 역경의 세월도 질겼다.
째지고 터져 더덕더덕 기워진 상처는 아프고
시커먼 먹구름은 걷힐 줄 몰랐다.

흐르는 구름 따라 굳었던 헌디도 낙엽이 되어
떨어지고, 모진세월 먹구름도 포플러나무 작은
잎사귀 떠는 바람에 밀려가 창공이 드높다.

청운의 꿈 펼쳐진 하늘가에 선생님의 미소가
번진다. 살짝곰보 그 얼굴 구멍구멍 사이로
내 눈물이 채워지고 있다.

처음 시를 쓴 날

산간수*가 왔다.

"이 나무 누가 베어 왔노?"
"제제, 제가요."
"니가 우째 이렇게 큰 나무를 베어 올 수 있노? 그리고 저 산에 나무들은 누가 다 베었노?"
"내내, 내가 베베, 베었어요."

어린놈이 그 큰 나무들을 벌목할 수는 없을 거라 여긴 산간수는

"저 나무들을 벤 동네 사람들 이름을 대주면 니는 봐줄게, 어서 말해봐."
"내 호호호, 혼자 베었어요."
"니 몇 살이노?"
"옐한찰요."
"열한 살! 열한 찰 맞아야겠구나."

화가 난 산간수는 내 뺨을 몇 대 때리고 동네로 내려갔다.

마을 이장과 어른들이 닭을 잡아 산간수를 대접하고 무마하였다.

 말더듬이였던 나는 말 한마디 할 때마다 발을 굴러야 말이 나왔다.
 그럴 때마다 땅 속 불덩이가 지구를 흔들었다.
 어눌한 한마디 한마디가 모이면서 시의 싹이 텄다.

 * 산림청 산하 영림서 직원. 산림경찰

화전민 소개령

 화전민으로 독가촌 생활이 정착되고 있을 즈음, 1968년 11월 울진삼척무장공비 침투사건이 발생했다. 무장공비 8개조 중 1개조가 우리 마을을 지나가며 전투가 벌어졌다. 이후 화전정리법과 함께 화전민 보호를 위해 집단마을(새마을)을 만들어서 소개령이 내렸다. 마을로 내려오는 기쁨보다 꿈을 가꾸었던 산전은 대부분 구획정리로 빼앗기는 아픔을 겪었다.

 1971년 2월 초등학교 졸업을 하고 그해 6월 마을로 이사하였다. 어깨띠처럼 메고 다녔던 책보자기는 한 달에 한두 번 맨 것이 최종학력의 전부였다.
 나의 유년시절은 산전에서 꿈을 키웠고 그 꿈의 보따리는 곳곳에 매어 놓았다. 미루나무 꼭대기에도 있었고, 청청한 소나무 위에도 푸르게 푸르게 피어나고 있다.

신체검사 받던 날

폭우가 그치지 않고 쏟아지던 봄날
봉화문화원에 많은 청년이 모였다
조교들이 방망이를 들고 군기를
잡고 있었다.

"잘 듣고 신속하게 움직인다.
대학에 다니는 사람들은
강당 안 무대 위로 올라가세요.
고졸은 강당 안 앞 쪽 의자로,
중졸은 강당 뒤쪽으로 신속하게
들어가 정렬한다.
나머지 국졸과 무졸은 이 마당에
신속하게 정렬한다. 실시!"

5%의 대학생
30%의 고졸
40%의 중졸
25%의 국졸과 미취학.
1978년 봄 농촌지역의 모습이다.

조교들은 마당에 남아 있는
우리들에게 온갖 욕을 하며
워커로 차고 방망이로 갈긴다.

그리웠던 봄비는 차가왔지만
뜨거운 눈물 너머로 무지개를
만들고 있다.

봄이 오는 냄새

나는 바지게 거름을 밭고랑 냉이 꽃 위에
쏟아 부으면서도 봄을 만나지 못했다.
산지대기 골에서 해온 비나무 지게에 꽂힌
참꽃 봉오리를 보면서도 봄을 몰랐다.
그런데, 옆집 누나의 세수 비누 냄새를 맡으며
나의 봄을 만났다.

- 1975년 作

똥방위, 금방위

배우지 못했거나
신체가 조금 부족하면
방위병으로 복무하던 시절
모두 '똥방위'라 불렀다.

나는 왼 팔에 둘러진 노란색
'방위' 완장을 보며 금색이니
'금방위'라 우겼다.

세월이 지난 어느 때부터
금수저 계층의 자녀들이 방위병이
되면서 진짜 금방위가 되었다.

나는 그때나 지금이나 똥방위다.

경찰봉 警察棒

누가 나를 심판 하겠는가
폭력으로 길들여져 있는 나의 주인은 누구인가
애꿎은 청년들의 등뼈를 타고 내린 땀이,
돌에 맞아 흐르는 피가 튕길 때마다
힘찬 무궁화 꽃으로 솟아 필 때 있어도
화염병에 그을리고 각목에 맞아
상처투성이 된 나를
끝까지 지켜 줄 주인은 없다.
흉부를 겨누고 머리통을 내리쳐 얻어진
훈. 포장도 빛바랜 채 뒤안길로 사라지고
햇살 쨍한 거리에선
매서운 시선에 현기증이 난다.
빛과 어둠이 교차하는 숲을 지나는 이 시대에
누가 나를 심판 하겠는가
오늘도 철망 친 버스에 실려
또 다른 주인의 부름을 기다려야 한다.

* 80년대와 90년대의 시대상을 보며 경찰봉을 의인화시킨 시.

돈 안 먹은 놈

　1981년 늦가을 어느 날 조회시간이었다. 지서장이 치안본부장 서한문을 직원들한테 돌아가며 읽게 했다. 차석부터 시작하여 고참 순경 순으로 한 단락씩 읽어 갔다. 전문용어 대부분이 한자와 영어였다. 마지막으로 신임 장 순경 순서가 되었다. 떠듬떠듬 읽다가 막히는 곳이 많았다. 자타가 인정하는 그 똑똑하신 김 모 지서장님이 가만히 계실 리가 없다.

"돈 먹은 놈과 안 먹은 놈이 같나?"
"중학교 문전에도 못 가봤으니."

　고참 순경들의 위로를 받으며 지서 밖을 나왔다. 대합지서* 앞 자갈 비포장 도로변에 코스모스가 곱게 피었다. 찬이슬을 맞고 애처로이 서 있다. 비썩 말라 하늘거리는 아내의 모습이다. 바로 보기 민망하여 하늘을 쳐다보았다. 얼굴이 뜨끈하다.

* 경남 창녕경찰서 소속 치안기관

중학교 문전에도 못 가본

　1986년 여름 어느 날
　○○경찰서 경리계장이 다른 곳으로 가게 되어 후임자를 추천하게 되었다.
　경무과장과 경리계장이 고민하면서 의논을 하는데

　"성실하고 업무에 밝은 장 모 직원을 후임자로 추천합니다."
　"이 사람이 뭐라 카노, 중학교 문전에도 못 가본 사람을 어떻게 경리계장을 시키겠노?"

　(사실 경리계장의 직무는 참으로 중요한 자리였다.
　경찰서 전체 예산과 경비집행을 맡은 업무니까.)

　발끈하면서 반대하던 경무과장은 결국 장 모 직원을 경리계장으로 발령하였다.
　결재를 들어갈 때마다 빨간 사인펜만 사용하며 고함지르던 경무과장이 어느 때부터는
　칭찬일변도다.

　결재서류 뒤에 첨부된 검은 봉투는 아무도 보지 못했다.

며느리 밑씻개

맹세코 말 하건데, 그 어느 여인도 나를
밑씻개로 택한 적이 없었습니다.
천하에 모진 시 어미가 이름 지어준 후에
그 누구도 내 곁에 눈길 한 번 안주어
마디마디 하얀 눈물 뿌렸습니다
한해살이 짧은 생명 홀로 외로워
잡히는 대로 감아가며 어울리려 했답니다
미움당한 몸 업신여겨 마구 당하지 않으려고
줄기마다 가시 돋쳐 연약한 몸 지켜왔습니다.
꽃으로도 열매로도 살아가기 힘든 세상
미운 들풀 한 맺힌 이름 고쳐 불러주세요.

억새풀

참 많이도 싸웠다 그 질긴 뿌리와
파헤치고 뒤집어도 또 솟아오른다
선형 끝 톱날 같은 억새 잎에
온 손을 베어가며 김을 매었다.

싸우고 싸우다보니 나도 억새가 되어
죽도록 죽여도 죽지 않았다
무섭게 흐르던 피와 고름은 응고되어
질기고 모진 뿌리로 안착되었다.

너는 본디 참으로 부드러웠지
나 역시 천성은 따스하였어
이제 그와 함께 산방 꽃차례 이루며
하얀 깃털 면류관을 쓰고 있다.

달개비(꽃)

참 지독하구나.

너는 불대기* 때는 아예 없던 것이었지
그런데 지력이 쇠한 틈에 자생한 거야
나도 너처럼 아버지의 아버지 고향에서
이 산중에까지 찾아왔는가 보다

오월의 땅 기운과 유월 햇살 쏟아지면
마디에서 마디 사이 또 다른 개체로
검푸르게 뻗어가는 너처럼, 나도
이 산전山田을 넓히고 뻗어 갈 거다

호미로 뿌리 째 파고 찍어내어
바위에 올려놓으면 가마를 타듯하고
나뭇가지에 걸어 두면 그네를 타는 너
참 지독하구나.

마디마디 쓰라린 사연을 안고
애처로운 실뿌리를 내리면서
자수정 같은 꽃을 피우는 너처럼
나도 어느덧 야생화가 되었어.

풀꽃의 섬뜩한 혼!

*불대기 : 원시림을 처음 불태워 일군 밭.

2부
미루나무

다시 찾은 고향의 신작로
다시 찾은 학교 운동장에서
은빛 이파리를 팔랑이며
구름 한 점 매단 채 향수를 흩고 있다.

춘양역에서

허리 한번 쭉 펴지 못하고
고속으로 한번 달려보지 못한 채
굽이굽이 돌면서 살아온 지난한
내 삶이 철길 위에 놓여 있다.

춘양역에서 사랑이 시작되었고
춘양역에서 이별을 해야만 했던
쓰라린 세월.

기차는 슬픈 기적소리를 내며
춘양을 들어서고 있다
시야가 흐려지면서
쇠붙이가 깎인 아픔의 눈물이
빗물처럼 차창에 흐른다.

다시 찾은 춘양역

춘양역 대합실에는
흑백사진 영상이 돌아가다 멈추고
낡은 언어조각이 나뒹굴고 있다.
상처투성이가 된 그녀가
눈물조차 보이지 못한 채
서울행 열차를 타고 떠났던
철로에는 푸른 별이 떨어져
슬피 울고 있다.

아직도
잡히지 않는 그리움에 이끌려
영동선 기차에 몸을 실었다.
푸르른 나무도 뒤로 밀리며
아련해지고
전봇대도 뒤로 가며 가물거린다.
시간을 돌리고 돌려가며
내 고향 춘양역을 찾아왔다.

인연의 끈을 이어주는 게 기차역이건만,
그녀를 찾아 헤매던 철로의 길이는
지구의 몇 바퀴를 돌았어도

혼자 우는 바람소리만 웅웅거린다.
사랑했던 시간들의 아름다운 추억과
짐승의 괴성 같은 아픔의 상처가
갈리고 갈린 궤적 위에서
푸른 별의 잔해가
우윳빛 안개처럼 일어서고 있다.

두내동 예찬

문수산과 옥석봉 사이
하늘 한 뼘 두내 마을
수억 년
햇볕에 쬐인 역사와
달빛에 서린 야사가
이상향으로 잠겨 있다.

두내동은 분주하다
천년 수림의 가쁜 숨소리
산짐승과 새들은
산란과 짝 짓기로 끊임없는 신음 소리
춘향목사이로 피어오르는 송이,
그 향기는 일본 열도를 넘고
지구의 뼈 속을 훑어 나온
두내 약수는 쉼 없이 솟구친다
햇볕이 뽑아 올리는 나락 장 잎 뻗는 소리.

두내동은 고요하다
노아 홍수 이래 그 모습을 고이 간직한 채
산삼밭도, 참취밭도 고요 속에 묻혀있다.
차가운 달빛은 성황당 고목도,

만 가지 소나무도
고요 속에 빠지게 한다.

깊은 겨울
조용이 내린 새벽 눈
밟는 사람이 없다.
대문이 없어 멀리 보이는
환한
고요…….

두내동 사람들

경상북도 봉화군 춘양면 서벽리 두내동
이곳은 문수산, 옥석산 사이 작은 산촌마을

마을 사람들은 문수산에 산삼 밭 서마지기가 있다고 믿고 있습니다.
그러나 어느 한 사람 산삼 밭에 가본 사람이 없는데도 산삼 밭 이야기를 합니다.
마을 사람들은 산삼을 캐러 산에 오릅니다. 마냥 오르다가 시장기가 들면 베보자기에 싸온 밥을 꺼내 계곡 물가에서 산나물을 뜯어 된장으로 밥을 싸먹고 참나무 잎 햇살 숨긴 풀 섶에 누우면 산은 속치마 벗고 잔털 보숭한 산삼을 만나지만, 돌아올 때는 도라지 더덕만 한 망태기 채워옵니다.

이 마을 사람들은 눈앞에 있는 산삼을 못 보며 살고 있습니다.

두내천의 흐름

산 사이 두내 마을에는
두메사람이 산다.
두내 마을 흙벽 집에는 삽짝이 없어 두내천으로 가는
길이 틔어 있고 실 줄기 초유가 흐른다.

이 마을 봄은 더디 온다. 두내천은 봄을 재촉하지 않고
얼음장 밑에서도 흐른다. 그러다가 봄 햇살 곱게 내리면
겨울이 녹아내려 같이 흐른다.

두내천은 흐른다.
바위가 앞을 가로 막아도 싸우지 않고 그 옆으로 흐르고
둑이 막히면 길이 뚫어진 곳으로 따라 흐른다.
흐르다가 댐이 막히면 멈추었다 다시 흐른다.

두내천은 흐른다.
도시를 지날 때는 악취 나는 폐수와 동행해도
불평하지 않고 가야할 곳까지 흘러간다.

병목 거리

두내 마을 입구 竝木거리
모퉁이 돌면 목 메인다.

길 위에 늘어진 소나무
지게 벗어 던지고 떠나는 총각과
호미 버리고 가는 처녀들을 배웅 했고
늘어진 가지 끝에 아슬히 매달려 우는
멧새는 떠나는 자식의 어미가 되어 운다.

병목 거리 들어서면
맨발로 기다리는 어머니가 있고
돌아 나올 때 등 뒤에서
눈물 짓는 어머니가 있다.

진달래꽃 2

민족의 아픈 눈물을 받아
붉디붉게 서린
한의 꽃

한량과 선비 술잔에 띄워져
풍류를 즐기게 한
요염한 꽃

화전놀이 아낙네의
입술을 유혹하던
암향 진한 꽃

아버지 나무지게 위에서
니비를 데리고 오던
향수의 꽃.

재 넘어 여기까지

산중에 살면서 늘 재를 넘고 싶었다
재 너머에는 다른 세상이 있고 꿈의 무대가 펼쳐졌다.

주실재을 넘으면 오전약수가 있고 술친구가 있다
목이 마를 때는 가끔씩 주실재를 넘었다.

예비재를 넘으면 양반들이 사는 반촌이 많고 들판이 넓어
먹을거리가 철철 넘친다 배가 고플 때면 예비재를 넘었다.

신재를 넘으면 교회가 있다. 가슴이 비고 머리가 비고
영혼까지 빌 때마다 신재를 넘었다.

이 재를 넘으면 순박한 강원도 처녀가 있고
저 재를 넘으면 고상한 경상도 양반집 규수가 있다.

재를 넘고 또 재를 넘고, 다시 그 너머 재를 넘으면서
무지개를 따라 여기까지 왔다.

채우고 채워보았으나 아직도 채워지지 않는 가슴
이제 마지막으로 넘어야할 재는 어디에 있을까.

주실령 아리랑

문수산 옥석산의 뱃머리 주실령아
보부상 무거운 짐 쉬어가게 하여라
한국의 십승지 명당 주실 둥둥 아리랑

춘양목 송이버섯 참나무 도토리묵
삼산 밭 서마지기 참취 밭 한 섬지기
먹거리 철철 넘치는 주실 둥둥 아리랑

두내 약수 오전 약수 물꼬를 틔어주어
나물 먹고 물 마셔도 용트림 솟구치니
두 주먹 불끈 쥐고서 주실 둥둥 아리랑

백두대간 맑은 정기 은하가 흐르구나
흐르는 은하 따라 그 님이 찾아오네
수목원 가는 길목에 주실 둥둥 아리랑

주실령의 석양

두내천 상류를 이고 있는
주실령의 석양은 내 삶의 이력서
날선 칼날 푸르던 억새 잎도
굵직한 꿈 실은 갈참나무 잎도
황금빛으로 물들고 있다.

무겁던 지게에 어깨가 짓눌리고
굶주림에 허리가 접혀가며
지난한 독학의 꿈을 피어올린
내 청년의 푸른 꿈들이 이제는
화려한 황금 국화로 피어 있다.

간절하게 염원하며 서리서리
맺혀 있던 좋은 학력의 소망
그 소망 두 아들이 대리 수행
하여 가슴에 서린 한을 푼
신비한 마법의 경전

소나무에 새겨둔 푸른 정기와
참나무에 심은 단단한 정신이
뜨겁던 태양에 여물어지고

달빛서린 야사에 곱게 물들어
주실령의 석양으로 빛나고 있다.

춘양목을 바라보며

춘양목을 바라본다.
참 오랜만에 맡아보는 향기
유년시절 송구로 배를 채우고
벌목으로 양식을 샀던 나무였다.

노아 홍수 이래
고요 속에 묻혔던 문수산은
백두대간 생태 수목원으로 변했어도
소나무는 변하지 않았다.

어린 시절
우리가 조림한 소나무는
지금도 그 자리에 서 있건만
나는 방랑자가 되었다.

수관이 좁은 춘양목
곧고 청청한 충절
균열 없는 절개
번뇌를 끊은 보석

나를 바라보니 너무 방만하다
뒤틀리고 옹이투성이다
송죽지절松竹之節을 향했던 이상은
억지춘양이었다.

미루나무

유년의 뜰에 우뚝 솟은 미루나무
쭉 뻗은 키를 보며 어깨를 높였고
먼지 나는 신작로를 걸으며 마음을 넓혔지
등굣길에는 저 높은 꼭대기에
푸른 꿈을 걸어두었고
빈 도시락 딸랑이는 허기진 하굣길에는
희망의 등불을 걸어두었다.

그대를 바라보며 따라 나섰던 길
환하게 웃다가
주저앉아 울다가
등졌던 고향을 찾아와도
꿈의 보따리는 간곳없고
등불마저 꺼져있었지.

키가 커서 싱겁게 보였던 그대
너그러워서 시원하던 그대
모든 자리 다 양보하고
추억의 뒤안길로 사라진 미루나무
다시 찾은 고향의 신작로
다시 찾은 학교 운동장에서

은빛 이파리를 팔랑이며
구름 한 점 매단 채 향수를 흩고 있다.

3부
백치 아다다

나는 외로워서 바다를 좋아했어
그 바다는 아픈 상처만 저려놓고 밀려갔지
배신한 바다에 다시 서서
밀려가는 그대를 바라보았어.

청계사 계곡

청계사 계곡을 갔습니다. 골은 깊고 아늑하였지요.
그 깊은 만큼 따뜻하고 그 깊은 만큼 보석이 가득하였습니다.

그런데, 구석구석 멍든 상처가 아팠습니다. 굶주린 사랑이 아팠고 그 사랑 때문에 벌레에게 갉힌 상처도 아팠습니다. 귀를 쫑긋 세우고 그녀의 이야기를 듣고 있던 노루귀꽃이 인내하라며 토닥이고, 도로변 통나무 의자에 새겨진 글귀들이 그녀를 위무하고 있습니다.

내려오는 길에 아담한 호수 하나 있었습니다. 그대 눈물 받아 줄 내 모습 어리었습니다. 호숫가에 핀 시들은 진달래꽃이 애처로워 꽃잎에 입맞춤을 하였습니다. 꽃술에 입김을 불어넣었습니다. 헤미다 붉고 싱싱한 꽃이 필겁니다.

이제 더 이상 울지 않게 여미어서 소나무 푸른 가지에 걸어두었습니다.
청계사 비로자나불毘盧遮那佛 화대華臺 주위에 피어 있는 1,000개의 꽃향기가 저녁놀과 함께 붉게 번지고 있습니다.

봉선화

너의 그리움이 피어났구나
외로움보다 더 짙은 그리움
사랑해도 사랑하고픈 그리움
얼마나 몸부림쳤으면 저토록 붉게 피어났을까
너의 못다 한 사랑 때문일까, 아니면
절개의 독백일까

한 때는 그랬어
너의 빛깔이 너무 붉다고
그래서 너에게 가는 길이 멀었을까
하지만 그 길목에 너의 규방을 만들었지
까맣게 태우면서 만들었어
나에게 들어온 너를 위해

나의 그리움이 너를 피웠구나
너처럼 정겹고 섬세한
너처럼 순결을 지키는
내가 너를 피운 것이다
너의 요염한 꽃 대궁
그 속은 내가 유영할 영원의 세계

벚꽃터널 아래서

벚꽃 만발하여 환한 터널
그대 얼굴 환히 밝히고
내 마음 환하다

발랑 까진 꽃잎 사이로
벌름거리는 숨소리
화르르 화르르
화르르 숨소리에
꽃잎 하닐리
하닐리 떨어지고
떨어지는 꽃잎 따라
그대 빗장 열린다

벚꽃 만발하여 환한 터널
활활 태운 사랑의 흔적
흥건한 시詩의 정충

개불알꽃

그렇게 기다리던 봄도
그냥 헛헛하게 지나고
남은 봄을 찾아 나선 산길

진달래 꽃 진자리에
흥건한 사랑의 흔적,
그 밑에 핀 개불알꽃
두 송이

아, 참 부럽다
나도 너처럼 빨간풍선을 달고
아프로디테를 찾아
티키타카하고 싶다.

진달래꽃

너는 봄을 데리고 와서
허기진 춘궁기를 만들어
먹어도 먹어도
포만감은 없었다.

너는 내가 감당할 수 없는
요염함으로 다가와
청춘에 불을 지펴놓고
나의 무기력함만 보이게 했다.

그래서 나는
보낼 수 없는 너를 보내준다며
허언하였지만
가슴에 시린 비수의 꽃이 된 너.

목 백일홍

당신은 석 달 열흘간의 긴 시간
붉은 목마름으로
나에게 다가왔고
혹서의 계절을 인내하였지요.

나는 해마다 견딜 수 없는
그리움으로 당신을 기다렸고
견딜 수 없는 외로움으로
당신에게 다가갔습니다.

당신은 어김없이 찾아오고
그러한 세월은 덧없이 흘러
상처 난 마디마다 아린 흔적
어느덧 나는 노인이 되었어요.

주어진 시간은 가고 또 가건만
사랑의 조건도
지조와 격조도 세우지 못한 채
아직도 타는 목마름으로
그대를 기다리고 있습니다.

배꽃

"우째면 요렇게 요염하고 예쁠까.
이제 당신을 어지간히도 불려내겠다."

텃밭에 핀 배꽃을 보던 아내가
나를 힐끗 쳐다본다.
나는 겸연쩍게 입맛을 한번 다신 후

"이 사람아, 목 빼고 날 기다리는
이 배꽃은 당신을 얼마나 부러워 하겠노?"

환한 달빛에 비치는 뽀얀 살결
그 속살 너머로 빨간 구두 꽃술이
밤이슬에 촉촉하다.

경계를 넘어

오늘 아침도 설렙니다.
그대 가슴에 있는 무수한 언어가 나를 일어서게 합니다.
어쩌면 내가 하고 싶은 말을 그대가 먼저 꺼내고 있는
것은 아닐까요.

해와 달은 평행선을 이루고 있습니다.
만나지 못하는 것처럼 보이지만 너무나 잘 만나고 있답니다.
흑과 백으로 갈라진 것이 아니라 하나의 빛으로 빛나고
있습니다.

우리의 시간은 우리만이 만들 수 있습니다.
낮에는 저 넓은 초원에서, 밤에는 흐르는 은하에 잠겨
한 점의 점으로 그림을 그립시다. 지워지지 않는 그림을!

인어공주

깊은 바다 속 어느 왕궁에 아름다운 공주가 살았습니다. 그는 좋은 유전자로 태어나 성관을 넓혀가며 대해를 유영하고 있습니다. 훤칠하고 윤기 흐르는 몸매에 싱싱한 퍼덕거림은 관능적입니다. 그래서 밤마다 성근 별들이 쉼 없이 젓가락질을 해댑니다. 그럴 때마다 공주는 비늘을 세우며 피하지만 무척 힘들어 합니다.

나는 공주를 위해 매일같이 등불을 밝히고 있습니다. 튼실한 별들의 젓가락이 공주의 몸을 찍어댈 때마다 나는 별의 콧수염에다 지푸라기를 찔러 재채기를 하게 합니다.

별들이 지쳐 잠든 사이 나는 공주를 동화의 나라로 안내합니다. 거기는 꽃이 피고, 사랑이 익어 향기 그윽합니다. 공주는 그 향기에 취해 잠을 자고 있습니다. 꿈속에서 만난 왕자와 동화의 세계를 유영하고 있습니다. 그 곳은 아직 법궤가 도착하지 않은 곳입니다.

백치 아다다

나는 외로워서 바다를 좋아했어
그 바다는 아픈 상처만 저려놓고 밀려갔지
배신한 바다에 다시 서서
밀려가는 그대를 바라보았어.

내가 바라보는 것은 그대가 아니라
아스라이 보이는 그 섬을 보고 있었어
그 섬을 갈 수 있을까, 아니
거기에 가면 그리워하는 그가 있을까.

우린 그랬어
그가 나에게 사랑한다 하면
나는 그를 속물이라 했고
그가 나에게 무관심하면
나는 그를 철학자라며 좋아 했어
그가 웃으면 느끼하다 했고
그가 한숨지을 때면 사랑한다며 다가섰지
언제나 같은 마음을 두고 늘 엇박자로 춤을 추었어.

군중 속을 거닐 때는
그의 등 뒤에 붙어 잠 못 이루고

한적한 골목길에서는 팔베개를 하였지
같이 있어도 늘 떨어져 가슴 에이게 하는 그대.

다시 바다에 잠기고 싶어
나를 떠밀어낸 것은 그대가 아니라
그대의 욕망이라는 것
그 욕망보다 더 큰 사랑도 있다는 것.

바다와 섬 사이에는 무엇이 있을까
그대가 바라는 넓은 바다
내가 바라보는 소담한 섬
백치가 되지 않고는 닿을 수 없는 그곳.

지푸라기 같은 법궤

오늘은 '공식'이라는 명분으로
당신을 볼 수 있지만
볼 수 있어도 공식적으로
볼 수 없는 당신

당신이 보낸 문자 한통도 나에게는
사랑의 숨소리로 들렸다오.
내 얇은 가을 햇살로
그대 가슴에 달려있는 무성한
열매를 익게 할 수 있을까.

그래, 무더운 햇볕은
열매를 익게는 하지만
오래 간직하지는 못하는 거야
그러나 가을 얇은 햇살은
만년의 씨앗을 간직하게 하니까.

당신에게로 가고 싶소
내 청년시절 풀지 못한
수수께끼 같은 사랑을

화르르 풀고 싶소
당신을 만났기 때문에

이제 발목을 잡고 있는
지푸라기 같은 법궤를
훌훌 벗어버리고
저 높은 창공을 훨훨 날고 싶소.

수묵화 속의 길에서 길을 찾다

겨울비가 내리는 날 새벽에 집 앞을 나선다
안개가 무겁게 내려 앞이 보이지 않는다
방범등 아래서 다음 방범등까지만 희미하다
누르는 중압 위로 그녀가 보인다
그녀가 말하는 사랑의 무게만큼 누른다
다만 보이는 것은 불빛 아래에 점선 같은
희미한 물체만 보일 뿐이다. 그런데 황홀하다
보이지 않는 것들의 신비함 그 신비함을 따라
나는 그녀의 실체를 쫓아간다

언제인가, 어느 갤러리에서 만난 한국화가
K화백의 사계절 수묵화가 겹쳐진다
그는 말했다
"화가의 심상을 관객에게 설명할 수는 없어요
보는 사람이 그저 느껴지는 대로 느끼면
되는 겁니다 저 위는 이미지로 처리 했고
그 아래는 길 위에 놓여 진 길입니다"라고
나는 그 길을 찾을 수가 없었다 그저
막연하게 느껴지는 형상일 뿐이었다

지금 방범등 불빛 아래는 황홀하다
앙상한 나뭇가지는 물기를 머금은 채
일어서며 찬란한 봄 길을 재촉하고
쌓여 있는 나뭇잎마다 연서가 자욱하다
뜨거웠던 지난날들의 찬란한 영상 사이로
아슴한 길을 따라 그녀의 실체를 찾아 걸어도
그저 암연하다
아마 여자의 본능은 신의 영역인가 보다
비치고 있는 불빛이 그녀인가 누르는 안개가
그녀인가 아니다, 어깨를 누르고 있는 무게는
바로 내 안의 무게였다.

어쩌랴, 이 먼 거리를

너무 멀리 있기에 그냥 달이라고 여겼어
이 우주 공간에 있는 아득한 달이라고
그런데 어느 날부터 내 가슴에 들어왔어
환하게 다가왔던 너의 모습에 나는
광야를 지배하는 왕이 되었고
나의 말은 아름다운 시가 되었어
들판의 풀잎들은 윤기가 흐르고
꽃잎마다 환희의 눈물이 그렁거렸어

그러던 어느 날, 문득 쳐다본 하늘
너의 모습은 보이지 않고
그 자리엔 희미한 별빛만 아득한데,
달까지의 거리는 갈 수 있었지만
별까지의 거리는 측량할 수가 없었어
내 허전한 가슴에는 찬비만 내려
눈앞에 있는 술잔만 내려다보니
은하수 같은 눈물만 차갑게 내렸어

이 밤,
늘 지나던 거리의 가로등도 아득하고
마실 앞을 흐르는 개울도 아득하고

복사꽃 환하던 언덕도 아득하고
굉음을 내며 달음질치는 차들도 아득하고
내 앞에 놓인 술잔조차도 아득하여
그대 정이 서린 시집과 손 때 묻은 우산을
부여잡고, 별까지의 거리를 재고 있어.

4부
연습 대상 아내는 지금도 연습 중

희끗한 머리 위로 석양이 내려앉는다.
언제나 힘없이 웃는 얼굴에 비치는 햇살이 엷다.

서원誓願 기도

광산 막장에서 죽음의 고비를 앞두고 서원기도를 했다
살아서 나가게만 해주시면 믿음생활 잘하겠다고.

결혼을 해서는 아들 낳게 해 달라고,
진급 시험 합격만 시켜주신다면,
좋은 보직을 받게 해주신다면.
모두 응답을 받았다.

나의 기도는 이어졌다
두 아들 고시 합격만 시켜주신다면,
문예운동 잘되도록 해주신다면,
손자 많이 낳게 해주신다면.
구하는 대로 주셨다.

이제 더 구할 것이 있다면
사소부인이나 길가메시처럼 영생을
구해야 하는데
그 가는 길목에서 탕자를 기다리시는 당신!

새벽송

성탄을 알리는 새벽송 소리가
꿈결처럼 들린다
잠에서 깨어 잠시 망설인다
나갈까, 그냥 자는 척 할까?
맨발로 뛰어나가 인사를 하였다.
준비 없이 있었는데
찾아온 축복의 시간
교회의 등록 명부가
천국의 등록명부로 되는 건가.
새벽송이 사라진 지 오래건만
아직도 기쁜 소식을 전하는
청도 이서교회 신자들!
2017년 성탄절 아침
내 마음이 고요하다.

신의 사자

주황색 월계관을 쓴 네가
국경을 넘어올 때는 분명 도둑이었다.

너는 모든 사람을 위협하고
모든 질서를 파괴하고
많은 생명을 앗아갔다.

그런데 너는
참 신과 거짓 신을 구분 지었고
우정과 위선을 구별케 하였고
사랑과 집착을 구별케 하였다.

너는
인간의 작위 의무와 부작위 의무를
알게 하려고
그분이 보낸 신의 사자다.

삼태성을 안다

"내 너희 삼형제를 낳을 때 용꿈과 삼태성의 꿈을 꾸었다.
넓은 바다에서 용 세 마리가 등천을 하여 삼태성에 이르는
모습을 보고 너의 형을 낳고 그 후 너와 막내를 낳았다."

어느 한적하고 매서운 겨울, 아버지는 며칠간 놀음판에서
돈을 많이 잃고 집으로 돌아와 기진맥진하다가 일어나
나를 불러 앉히고 옛날 꿈 이야기를 하셨다.
결혼하여 내리 딸만 넷을 낳았는데 일찍이
딸 셋을 잃고 허탈할 당시에 길몽을 꾸셨던 것이다.

솔잎도 얼고 계곡의 물 어는 소리가 쩡쩡하던 날
마당에 나가서 남녘하늘을 쳐다보았다. 춘양목 꼭대기에
새파란 별무리 세 개가 보였다. 그 중 중태中台가
내 별이다. 그 후로는 허리가 아파도 아프지 않았고, 배가
고파도 고프지 않았다.

나는 지구와 함께 늘 유랑을 하면서도 삼태성을 안고
다녔다. 가끔씩 잊어버릴 때가 있어도 그 별무리는
언제나 그 자리에 있다.

화전火田에서 일군 꿈
– 산전 개간

훨훨 타올라라 수북한 재가 되라
삼림森林을 태우는 불길 높이만큼
주린 배가 채워진다.

부모님을 따라 화전민이 되었다
문수산 깊은 산중 오리나무 골 아래
응달에서 산전을 일군다.

훗여싸 후여 으라차차 훗야
괭이 장단에 맞춰 잔솔과 잡목뿌리
억새뿌리가 휘뜩헤뜩 뒤집어진다.

손바닥 물집 터져 아린 자리마다
메밀, 감자, 강냉이 한 자루씩 담기고
한숨 토하는 길이만큼 삼베 한필이 엮인다.

묘약

설을 쇠고 나서 아직 봄은 이른데
91세가 되신 어머니가 몸져 누으셨다.
"애비야, 나는 올해를 못 넘길 거다. 우리 어메도 구십 하나에 가셨고 오라베도 구십 하나에 가셨고 언니도 그랬다 그러니 이제 그리 알아라."

터서리 매화는 뽕통한데
어머니는 일어나실 기미가 보이질 않는다.
"어무이요, 제가 며칠 전 병원에 갔다 왔는데 몸에 이상이 생겼니다, 아무래도 암인 것 같다니다. 어제 형님한테서 전화가 왔는데 많이 아프다니다. 이제 어무이까지 이러시니 큰 일이시더."

갑자기 자리에서 일어나시는 어머니는
"야가 뭐라카노. 이게 뭔 소리고 내가 너무 오래 살았구나, 내가 퍼뜩 죽어야지."
자리에서 일어나신 어머니는 자식한테 뭐 따려 먹일 게 있나 싶어 냉동고를 뒤지다 말고 텃밭 여기저기를 둘러보신다.
"야들이 왜이카노, 야들이 왜이카노."

지팡이가 휘청거린다.

굽은 등이 떨고 있다.

차갑게 흔들거리는 어머니 백발 위로 엷은 햇살이 비친다.

매화 한 송이가 곱다.

어머니와 산중 일기

주린 배를 움켜쥐고 산 뽕을 따서 누에 치고
밭고랑 매면서 손마디가 마른 장작처럼 굳으며
허연 무릎에 삼 껍질 비벼 삼을 매고 베를 짜서
한필 두필 만들어 놓으면 아버지의 노름밑천.

추수한 곡식 죄다 빚으로 팔려가니 돈 한 푼
구경할 수 없어 꽉 막힌 산만 바라보셨다.
바라보던 산은 그저 산이 아니었다.
꿀밤*을 주어 우러서 추운 겨울 양식을 하였다.

보릿고개는 봄만이 아니고 사시사철이다.
솔나무 껍질을 벗겨 송죽을 끓이고 풀씨를
훑어 갱죽을 끓이고 말린 무청으로 씨락국을
끓이고 산나물을 뜯어 묵나물 밥을 지으셨다.

청주정씨 선비 가문에서 1924년에 태어나서
곱게 자란 규수가 일제의 '여자정신근로령'을
면하기 위해 몰락한 양반 가문에 오신 이후
배 한번 못 채우고 허리 한번 펴지 못하셨다.

어머니 모습은 사철 푸른 잎과 고고한 꽃,
그리고 은은한 향기가 있는 한란寒蘭이다.
이국異國같은 곳에서 매 굶주리고 살면서도
양반의 지조를 잃지 않고 매화처럼 피고 있다.

* 꿀밤 : 도토리의 방언

아버지와 고담소설

 산촌의 가을은 짧다. 고운 빛깔의 단풍도 한풍에 지고 마른 솔잎이 수북이 쌓여가는 적막한 겨울. 산간에는 유별나게 눈이 많이 내린다. 온 산이 눈 속에 갇혀 있다. 밤이면 가끔씩 들리는 살쾡이 소리와 부엉이 울음조차 정겹게 들린다. 이런 밤엔 카랑카랑한 아버지의 고담 소설 읽는 소리가 적막을 깨고 있다.

 삼국지 읽는 소리를 듣고 관운장이 되고, 유충렬전을 들으며 충렬이 되고, 춘양전을 들으며 이몽룡이 되었고, 가인의 일생을 들으며 첫사랑을 꿈꾸었다. 초등시절 나의 교과서는 아버지가 읽는 고담소설이었다. 이것이 나의 빛나는 졸업장이고 학력이다.

풍요豊饒

　소읍지 주택가 허름한 단칸 셋방
　한 쪽에는 그 집 가장이 소반을 책상 삼아 공부를 하고 있었다.
　아내와 두 아들은 숨죽이고 있어 적막감이 돈다.
　이윽고 자리에서 일어선 가장이 아내에게 입을 연다.

"은덕엄마, 물 한 컵 줄래"
"예"
"은덕아 아빠가 물 한 컵 달라하신다."
"네, 엄마."
"성덕아 아빠가 물 한 컵 달라고 하신다."
"응, 형."
"아빠 형이 물 한 컵 떠오래요."
"어 그래. 떠올게"

　심부름을 시켰던 가장이 부엌으로 가서 물을 떠온다.
　아내와 두 아들이 까르르 넘어간다.
　마당가 빨랫줄 바지랑대에서 졸고 있던 고추잠자리가
　마당을 빙빙 돈다. 고즈넉한 들녘이 노랗게 익어간다.

쌈

예로부터 밥 먹을 때 쌈을 잘 싸 먹으면 딸을 많이 낳는다는 속설이 있었다.

그래서인지 고향 마을을 둘러보면 딸부자집 사람들이 쌈을 즐겨 싸먹는 것 같았다.

나는 청년시절부터 남아선호사상이 있었다. 그래서 장가를 가면 아들을 낳고 싶었다.

1981년 4월이었다.

신혼여행 중에 상추쌈을 맛있게 싸먹었다. 집에 와서도 역시 상추쌈을 입이 터지도록 싸먹었다. 아내도 역시 쌈을 좋아한다.

"우리 친정에는 예, 아버지 엄마 모두 쌈을 좋아하서 예"
라며 환하게 웃는다.

그때 나는 잠시 멈칫했다. 아내는 칠공주 중에 네 째다.

"아! 참, 쌈을 많이 싸먹으면 딸을 낳는다는 말이 있던데"
라며 내가 걱정스런 표정을 짓자 아내도 갑자기 표정이 굳어지면서

"우짜는교, 우리 첫날부터 쌈을 싸먹었는데…"

그 후 우리는 아들만 둘을 낳았다.

두 아들도 쌈을 좋아한다.

그리고 세월이 흘러 지금은 손자만 넷을 얻었다.

요즘도 우리 내외는 텃밭에 갖은 채소를 심어 쌈을 즐겨 싸먹고 있다.

연습 대상 아내는 지금도 연습 중

내가 초임경찰관 시절에 체포 연행술을 익히면서 아내를 연습 대상으로 삼았다. 팔을 꺾고 수갑을 채우고 연행을 하였다. 새색시였던 아내는 아프다고 소리를 지르면서도 환하게 웃었다.

근무를 마치고 귀가 할 때마다 항상 나에게만 독상을 차려주면서 아내는 늘 밥을 먼저 먹었다고 했다. 오랜 시간이 지난 후에 알았다. 쌀이 없어 늘 굶었다는 사실을. 평생 가난뱅이 남편이 될 줄을 알았던 아내는 미리 위장 줄이는 연습을 해왔었다.

중년에 들어 베테랑 형사라며 노상 외박을 일삼을 때 아내는 밤을 하얗게 보냈다. 와이셔츠에 묻은 립스틱도 피곤한 업무의 흔적으로 마음 아려했다. 일찍이 아내는 늘 혼자 사는 연습을 해왔다.

퇴직을 한 후 대학에서 문학 강의를 시작할 때 아내를 먼저 앉혀 놓고 연습을 했다. 늘 후한 추임새를 받으며 용기를 얻었다. 지금도 나는 문예지를 만들면서 문예운동을 하고 있다. 아내는 늘 고급 독자가 되는 연습을 한다.

아내는 축 처진 어깨를 누르며 나의 와이셔츠를 다리고 있다. 흰 와이셔츠는 푸른 빛이 감돈다. 아내는 시어머니가 쓰는 타월로 샤워를 하고, 손자들 사진을 보며 씽긋 웃는다. 마당가 솥에서 빨래를 삶고, 텃밭에서 손자들한테 보내 줄 채소를 장만한다. 희끗한 머리 위로 석양이 내려앉는다. 언제나 힘없이 웃는 얼굴에 비치는 햇살이 엷다.

40년이 넘는 결혼 생활에도 아내는 아직도 연습 대상이며 연습 중이다.

매화

참 불쌍한 당신!
모질게 추운 겨울에도
나의 창가를 지키고 있었지

우리는 그랬어
가난과 역경 속에서도
향기 있는 꽃을 피워온
40 성상

애틋한 연민의 정이 피워 낸
애처로운 모습에
당신이 있고 내가 있구려.

인식

청도에서 전원생활 8년째
집 앞에는 자계紫溪*가
유유히 흐른다.

중백로와 왜가리 떼가
낮에는 청도천에서
한가로이 먹이사슬을 하고
밤에는 집 옆에 있는 대숲으로
모여든다.

한여름에 백설처럼 대숲을 덮은
천년기념물도 그냥 잡새로
여기며 살았다.
백수의 시어머니 똥 받아내고
목욕시키며 봉양하는 아내를
그냥 마누라로만 여겼다.

* 무오사화 때 탁영 김일손 선생이 능지처참 당하던 날 청도천이 핏빛으로
  물들었다하여 '자계'로 불림.

5부

불구경

재가 된 자신을 한발 한발 밟고 있는 노인의
등허리에 노을이 젖고 있다. 어깨가 흔들린다.

지게

지게를 벗어던지고 객지를 떠돈 오십 년
헛간 앞에 삐딱하게 놓인 지게는 앙상한
뼈다귀가 되어 맬 끈이 다 삭아 바스라진다.

목과 어깨를 누르고 허리를 못 쓰게 하여
다시는 지지 않겠다며 벗어던졌는데
지게 귀신은 아직도 떠나지 않는다.

가정이라는 지게
직장이라는 지게
이보다 더 큰 무게로 다가와
운명처럼 짊어지게 된 문예운동의 지게!

목 어깨와 허리가 아플 때는 파스를 붙이면
그냥 견딜 수 있었건만 사람과 사람사이에서
폐부를 짓누르는 무게는 견디기 힘겹다.

내가 짊어진 지게의 무게
내가 그 누구에게 짊어지운 무게들이여
모두 폭 삭아 재가 될 거라, 재가 되어
저 높은 별무리 속으로 훨훨훨 날아 가거라.

분필

쉰 살이 넘은 나이에
대학 강단에 서서 분필을 잡은 지
16년째가 되었다.

석회처럼 굳은 머리였지만
분필가루가 흐를 때마다
점점의 기억이
평창의 달밤처럼 환하게
피어났다.

중학교 문전에도 못가 봤기에
갇힌 기억이라곤 초등시절
선생님이 쏜 총알 같은
분필 조각뿐인데

수필을 짊어지고 끙끙대었고
시를 안고 울던 불면의 밤들을
칠판에 하얗게 새긴 후
양복 소매에 묻은
분필 가루를 털 때마다
수만 송이 안개꽃으로 피어났다.

총알 같은 시간 속에
기억 저편으로 사라진 분필
분필가루처럼 많은 문하생,
분필가루처럼 많은 언어들이
파랑새가 되어 날고 있다.

잔치국수

토담길국시마당*은 십 년 넘게 다니던 단골집
한때 대구의 문화예술인들이 북적대던 곳
내가 허세를 부릴 때 지나가던 까마귀도 불러
술대접을 하던 곳이다.

그런데, 선거에 떨어지고 망하여 설 곳이 없을 때
정수기 외판을 하면서 그곳에 들렀더니 최 사장은
외출 중이고, 모두 외면한다. 얼굴은 달아오르고
처진 어깨 추스르며 돌아 나온다.

그때 서빙 하던 은선 씨가 반긴다.
"선생님 잔치국수 좋아하셨죠."하며 큰 대접에
가득 담아준다. 조껍대기 막걸리 한 사발과 함께
단숨에 쓱 비웠다.

酒食兄弟千個有(주식형제 천개유)로되
急難之朋一個無(급난지붕 일개무)로다. 라는
옛말 하나 그른 게 없다지만 세상 공간에는
예수가 있고 부처가 있지 않은가.

빈궁한 봄날, 라일락 향기가 진하게 스친다.

* 1990년대 후반에서 2000년대 초반 대구 대명동에 있던 대중음식점으로 문인들이 늘 붐비던 곳.

대숲의 장광설

고요하던 대숲에 바람이 인다.
왕대 숲이 일렁이다가 한순간에
성난 불길의 바람이 휘몰아친다.
단단하고 꼿꼿하던 긴 혀를 뽑아
흔들면서 필설을 휘갈긴다.

부정부패 일삼고 축재로 배부른
비계덩이들은 하수구로 처박고,
개혁을 앞세워 살림 거덜 내는
불량 패거리는 남도 끝 무인도로
보내리라.

사랑한다, 정말 당신만 사랑한다며
옭매어놓고, 히죽이며 화장고치며
깜깜 뒤돌아선 것들 그것들 모두
잡아 저 시베리아 얼음덩이 위로
유형을 보내리라.

문학이 좋고 예술지상주의를 외치면서
가난한 문학인을 조롱하는 대가들,
내 시는 좋고 남의 시는 시도 아니라고

주장하는 문인들 그들이 쥐고 다니는
원고 쪼가리는 고물상으로 보내리라.

한바탕 소용돌이를 치던 바람이 지나가고
장엄하게 쏟아내던 장광설도 멈추었다
치켜세웠던 고개를 숙이고 다시 꼿꼿이
곤두서있다 몸통을 타고 내리는 눈물이
고요히 흐른다.

불구경

산불이 났다. 걷잡을 수 없는 불길이 치솟는다.
온 산야가 검은 연기로 분간이 안 되고 있다.
지역민들이 동원되고 헬기까지 투입되어 진화를
위해 안간힘을 쓰고 있다.

주변의 많은 사람들이 불구경을 하고 있다.
여기저기서 뱀의 혀 같은 바람이 휘몰아치니
불기둥이 마구 치솟고 구경꾼은 신명이 난다.
그러다가 간신이 불길이 잡히니 재미가 없어
싱겁다는 듯이 가던 길을 간다.
가면서도 자꾸 뒤를 돌아보는 구경꾼!

산전을 개간하여 옥토를 만들고 조림하여
아름다운 산림을 조성했던 노인이 예기치 못한 실화를
했던 것이다.

"우짜겠노, 저 노인의 심정이 어떻겠노?"
"무슨 소리여, 저 노인은 평소에도 밭둑을
자주 태운 영감이잖아 이번에 아주 혼이
나야 돼." 라는 말들이 무성하다.

시커멓게 타버린 산야를 바라보는 노인의
눈은 총기가 사라지고 허탈하여 기진맥진
상태가 되었다.
십 년 같은 한동안, 자리에 누웠던 노인은
연쟁기를 챙겨들고 산으로 가고 있다.

재가 된 자신을 한발 한발 밟고 있는 노인의
등허리에 노을이 젖고 있다. 어깨가 흔들린다.

등불

디오게네스의 등불은 의인을 찾고 있었다.
맹인이 들고 다니는 등불은 남을 배려하는 등불이다.

나는 오늘도 등불을 들고 다닌다.
문학을 위해
문학인을 위해
비바람을 맞으며 매서운 눈보라 속을 헤쳐 나가며
나는 오늘도 고독의 등불을 들고 다닌다.

매미소리

유년시절
곤충채집 명분으로
매미를 즐겨 잡았다.

나의 성적통지표에는
언제나 미양미양미양 미양

칠순七旬이 다가오는데
내 삶의 성적표는
아직도 미양 미양 미양

짧은 이 계절 동안
저 매미처럼
발악적으로 울고 싶다

만산홍엽 황금기를 지나
내 삶의 흔적이 쌓일 때는
우수수 우수수

우수수 우수수를 위하여
이 늦은 시간까지
나도 발악적으로 운다.

변명

그 흔한 유행가 가사 한 편 짓지 못하면서
유행가는 삼류라고 생각한다.
그 흔한 유머 한 꼭지 만들지 못하면서
유머는 잡스럽고 유치하다고 여긴다.
그 흔한 좋은 글과 감동의 글귀 하나를
만들지 못하면서 문학성이 없다고 한다.

휴대전화에 무수히 뜨는 온갖 정보를
그저 시시해서 읽지도 않고 넘긴다.
남들이 재미있게 나누는 패설을 들을 땐
허허 하며 관용을 베푸는 듯 웃는다.

그 작가는 다작인데 좋은 작품 어디 있나
저 작가는 극히 과작이잖아
요즘 시다운 시가 있나
그저 말장난에 불과하지
k선생 작품은 너무 진부하여 싫고
j선생의 작품은 낯설어서 싫어.

그래서 나는
대작을 남기기 위해

아직 작품을 쓰지 않고 있어
그런데
마음만 먹으면 금방 쓸 거야
어느덧 석양은 붉은데.

산사의 풍경소리

바쁘다 바쁘다며 그냥 스치려다
잠시 마음 내려놓고 들어 보았네

뎅 뎅 뎅 뎅

무엇을 위해 그리 바빴는지
정작 듣고 나니 여유로운 것을

잠시 들은 풍경 소리에
내 모습 비치고
종무소에서 들려주는
대금산조 한가락에
은하 세계를 보고 있다.

다 놓친 허공을 향해
바쁘다며 분주했던 내 모습
바쁜 건 내가 아니오,
껍데기를 신봉하는 허상인 것을

뎅뎅 뎅그랑 뎅뎅

조금씩 빠르게
내 귓전을 스쳐가는
깨달음의 소리.

초원복국집

14대 대선을 앞두고
초원복국집에 권력기관의 장들이 모였어
시원한 복국이 속을 시원하게 하였지

복어 속살은 부산·경남의 드넓은
초원에 펼쳐졌고
목동은 피리를 불고 양떼는 살이 쪘지

그런데, 그런데 말이야
복어 알과 내장은 대구·경북에 뿌려졌어
그 독이 얼마나 독했던지
그 때부터
폭발하고 무너지고 부도가 나고
수갑이 채워지고 법정에 세워지고
청문회가 열리고 푸른 옷을 입고
암흑천지가 되었어

시원한 복국이 돌리는
시간의 수레바퀴는 30년을 시원하게 돌아

자유대한민국의 뿌리가 썩고 온 나라가
붉게 물들었어.

지독한 복어의 독!

지워주지 못한 흔적

젖가슴 드러낸 바닷가를 별 생각 없이 걸었다.
한참을 걷다가 이상한 느낌이 있어 돌아보니
걸어온 발자국이 보드라운 모래를 짓밟아
움푹움푹 패여 있었고 패여진 자국마다
피가 솟아 괴여 있었다.
안쓰러움과 두려움이 스쳐가고 허겁지겁
손으로 문질러 지우려 했지만 지울수록 더
커지는 흔적은 큰 소리로 아우성치고…
공포 속의 시간이 흘러
파도가 밀려와 발목까지 덮다가 가고
다시 밀려와 무릎까지, 허벅지까지 치며 밀개질 한 후에
내가 지울 수 없었던 상처는 아물어 지고
나는 물 위로 걸어야 했다.

시인이란
– 장사현의 詩 아포리즘

시인이란, 우주 공간에 있는 수많은 언어 중에
가장 좋은 언어를 찾아내는 사람이다.
그 원석을 정제하여 보석을 만드는 작업도 시인의 몫이다.
빛나는 보석의 언어를 쓸 수 있는 것도 시인의 특권이다.

이 우주 공간에 없는 언어를 창출하는 것도 시인이다.
시인이 창조한 언어는 모든 사람이 그저 쓸 수 있다.
시인은 그 대가를 위해 고뇌의 작업을 하지 않는다.
그러나 가장 값진 흔적으로 남기는 삶의 소산은 詩다.

그래서 시인은 가장 가난한 부자이며
골방에서 외치는 선지자이고
이 땅 위에 있는 언어의 주인이다.
그래서 시를 쓰고 시를 창조해야만 한다.

6부

유등지 연가

진흙탕 속에서 연꽃을 피우듯이
길 위에 길을 놓고 진리를 좇아가며
찬란한 연지 위에 맑고 청정한
언어의 꽃이 피어 문향이 그윽하다.

시계가 멈춰진 유천마을

청도천과 동창천이 합류하는 유천마을
살구꽃 피는 마을에 시가 농익어 있고
오누이 시인의 사랑 이야기도 무르익는다.

오일장이 서던 정겨운 시장 거리에는
영화세트장 같은 건물과 간판들이
너의 고향이었다가 나의 고향이 된다.

소리사에서 흘러나오는 6,70년대의 유행가
극장을 드나드는 청춘남녀의 붉은 입김들
익살스러운 약장수를 둘러싼 하얀 주 적삼

정미소 발동기 소리에 쏟아지는 흰 쌀이
빨간구두 다방아가씨 윤양 지갑을 채울 때
거친 아낙네의 눈동자와 목청이 시퍼렇다.

양조장 걸쭉한 탁배기 한 잔을 쭉 들이켜고
빈집 마당가의 모란 꽃봉오리 붓대를 들어
새롭게 피어오를 유천영화마을을 그려본다.

유등지 연가

신라 천년의 찬란한 역사 혼이 잠기고
려선麗鮮천년의 묵향이 어리었다
이만 평 연지는 바둑판같이 수만 갈래의
길을 열고 수만 수ㅕ의 생각을 연다

모헌공* 지혜모아 심연을 만들었고
연꽃의 형상 빼어 군자정 세웠으니
수단화 꽃송이마다 선비 정신 흐른다

진흙탕 속에서 연꽃을 피우듯이
길 위에 길을 놓고 진리를 쫓아가며
찬란한 연지 위에 맑고 청정한
언어의 꽃이 피어 문향이 그윽하다.

* 모헌공 : 유등지를 조성한 고성이씨 입향조 이육(李育) 선생 호

유호연지 柳湖蓮池

아리고 쓰린 세월 묵묵하게 이겨내며
버들 숲 개간하여 유호연지 만들어서
선비의 굳센 지조가 연향으로 피어난다.

주돈이 애련설에 모헌공이 동행하니
며느리 그 뜻 알고 천하 명당 일구어서
찬란한 가문의 얼이 연지에 어리구나.

군자정 우뚝 세워 후학을 양성하고
반보기 풍습으로 여인네 한을 푸니
사랑방 맑은 정기가 안방가득 서린다.

연지에 오시는 님 무엇을 보시는가
보이는 건 무엇이며 들이는 건 무엇일까
네 마음 연향에 헹궈 값진 형상 찾아가소.

맛

　풍광 좋고 청정지역으로 알려진 경북 청도에 있는 어느 문학단체 사무실.

　연지에 핀 수려한 연꽃을 바라보며 시 창작을 수업을 한 후 점심시간이었다. 주방에서는 여류작가들이 맛있는 밥을 짓고, 지도 선생은 텃밭에서 풋고추를 따왔다.

　연세 드신 할배 시인에서부터 4,50대 아지매 시인까지 즐거운 식사를 하는데,

　50대 아지매 시인이 풋고추를 된장에 찍어 먹으면서 "우리 교수님 고추가 참 맛있어요."라고 하자 옆에 있던 아지매 시인이 장단을 맞춰
　"맞아, 먹어 본 중에 최고!" 라며 엄지척을 한다.

　그 때 할배 시인이
　"된장찌진 것도 참 맛있네" 라고 하자
　60대 아지매 시인이 하는 말
　"우리 신랑은 내꺼는 맛이 없대." 그러자 옆에 있던 50대 아지매가

"왜, 언니는 음식 솜씨가 좋잖아?"

화기애애한 대화를 하며 맛있게 밥을 먹다가 한참 후에 모두 키득키득 웃기 시작했다. 그런데 센스 없는 지도 선생은 왜 웃는지 영문도 모르고 사람들이 웃으니 덩달아 웃는다.

한낮의 연지에는 수단화 꽃송이마다 수만 갈래의 길을 열고 수만 수의 생각을 열고 있다.

질메

그때는
무거운 짐을 져 날랐다
마비정 마을의 하늘은
노랗게 가물거렸다.

고단한 몸
담벼락에 뉘고
이제는
사람을 불러들인다.

그대여
무슨 짐을 지고 왔는가
무엇을 내려놓고 갈 건가
마비정* 마을의 쪽빛 하늘을 보라.

* 위의 시는 마비정 마을 벽화에 새겨져 있다.
* 마비정 : 대구 달성군 화원읍 본리2리 산촌체험마을

청도의 코스모스 길

이서면을 가로 지르는 큰 도로변 옛길에는
애절한 그리움이 피어나는 과거로의 여행

하얀 얼굴 목이 긴 이서국 공주가
맵시 있고 가는 허리 하늘거리며
진분홍빛 꿈을 키우던 순정의 넋

감나무 심어 백성을 풍요하게 하던
'세상에서 가장 아름다운 입술'의 공주가
역병에서 깨어나 친정 나들이 하는 길

그대, 아름다운 사랑의 갈증이 있다면
청도의 청아한 코스모스 길을 걸어보라.

석계종택石溪宗宅*에서

재령이씨 가문의
학발시鶴髮詩* 전가보첩傳家寶帖*

금계리*의 빛나는 기운 받아
소소한 자연의 소리와
정의로운 젊은 피에
동화된 학발시첩鶴髮詩帖

효심의 비단 같은 마음
곱게 수繡를 놓으니
고고한 학이 되어
둥지를 튼
저 높은 두들 언덕

석계 선생의
지조와 높은 학문,
정부인의 덕망과 선행이
여덟 마리 용이 되어

구름 따라 올라가

유유히 흐르는 역사

* 영양 석보에 있는 석계 이시명 선생 종택
* 정부인 장씨가 10세 전후에 지은 3장으로 된 시첩
* 정부인 장씨의 자료를 모아 편집한 8면의 가보
* 정부인 장씨 친정 마을이름 (안동, 장흥효 선생)

벽파 김철진 시인을 생각하며

벽파 예술촌에서 마지막 시를 쓰신 김철진 시인은 "달북 두드리며 헛소리 마구 토하고 싶어 「술 마시러 나는 오늘 대구로 간다」"를 《영남문학》 2012년 가을호에 발표하시고 9월 30일 추석날 운명하셨다. 그날 가을호 책이 나왔다.

오랜 벗을 잃은 달북 문인수 시인은 「허허, 흰 구름 - 고, 김철진 시인을 추모함」이라는 시를 써서 그해 겨울 《미네르바》에 발표하였다. "파랑새 연기 속 그의 청춘을 만났고 장미 연기 속 그의 말년을 만났다. 그래서 저 어느 푸른 허공 너머 뭉게뭉게… 이제 전부 허허 깨끗이 스밀 때까지 친구여, 이왕지사 그 담배 끊지 마시라."고 애도하였다.

나는 늘 그렇지만, 하필 그 무렵 극히 어렵다보니 원고료를 드리지 못했다. 고향 어른에게 진 빚이 늘 무겁다. 오늘도 봉화 하늘을 쳐다보며, 빨뿌리를 물고 허허 웃고 있는 시인의 모습이 구름 사이로 비친다. 무거운 내 어깨 위로 너그러우신 웃음이 허허 하신다.

발해마을

저 광활한 태초의 땅을 수복하고
중원을 호령하던 해동성국 발해

암흑의 광야에서 붉은 피를 새기며
30성상을 휘달리며 찬란한 새벽을
열어주신 태조 대조영 황제

선조의 웅대한 기상을 천고千古에
세세토록 남기려고 남하南下 이후,
몽고군을 격퇴한 태금취太金就 대장군

보라!
천하의 길지吉地에 터를 잡아
5천년 역사 중에 민족의 자존을
보존하게 한 태순금太舜琴 선생

가가호호家家戶戶 명패에 새겨진
봉황은 날개를 펴고
거리의 깃발은 동북공정에 맞서
맹렬猛烈히 휘날리고 있다.

그대의 창窓

따스한 자음과 거침없는 모음으로
정론을 펼쳐온 녹색대변지
경산자치신문!

만화방창萬化方暢 춘흥春興에
창간하여 24성상星霜을 돌면서
우뚝 세운 이상의 탑

어느덧 그대는
경산시민의 고향이 되어
동구밖 느티나무처럼 정겹다

그대가 창을 열 때면
허기진 그믐달이 아프고
환한 보름달이 풍요롭다

그대가 또 창을 열면
서정의 햇살이 눈부시고
서사의 샛별이 형형하다.

부용대에서

낙동강 굽이 도는 절경 위에 부용대
고아한 연꽃송이 청청한 만송정 숲
학문과
충절의 혼이
교교하게 흐른다.

흐르는 강물 위에 나룻배 띄워놓고
막걸이 한잔으로 풍류를 읊조리니
이곳이
선경仙境이로다
어진 선비 음덕일세.

겸암정사謙菴精舍를 바라보며

강물도 유유하게 허리를 굽혀 돌고
장엄한 부용대와 만송정이 장관일세
스스로
낮춘 마음이
만세에 빛나도다.

부귀와 명예보다 학문을 즐겨하며
외로운 목민관이요 사도의 표본이라
현판에
흐르는 글귀
심중에 새기노라.

서평

달빛에 물든 상처와 햇빛에 여문 시

김동원
시인, 문학평론가

　그의 시는 추운 겨울 아랫목에 묻어둔 고봉밥 같다. 화전민의 아들로 태어나, 굶주림의 울음이 행과 연 사이에 산 메아리처럼 들린다. 삶의 아픈 '상처, 혹은 달빛의 길'이자, 놋그릇처럼 오래된 추억 같다. 시의 행간은 허기진 가난의 목소리가 어둠 속에서 들린다. 그의 시는 첩첩산중의 구름이 흐르고, 뻐꾸기 소리가 그리움을 내뱉는다. 배우지 못한 소년의 서러움이 트라우마가 되어 현실을 박차고 나가는 추동이 된다. 초근목피로 연명한 유년이 보이고, 춘궁기(春窮期)의 보릿고개 농촌 풍경이 비친다. 어쩌면 그의 시는, 맨발로 다리 위에 서 있는 흑백사진 속 한 아이의 슬픈 이야기인지도 모른다.

장사현의 시는 산을 넘고 강을 건너 도시로 달아난 젊은 풍경이 있다. 세파에 시달린 사내의 몸부림이 보이고, 문학을 숙명처럼 짊어진 서글픈 자화상이 비친다. 상황에 따라 주체나 객체에 따라 몸부림치는 지점이 다르다. 그의 시의 메시지는 직선으로 뻗어있고, 이미지는 곡선의 슬픔 속에서 어룽져 빛난다. 고향 춘양역의 상징과 기적소리는, 눈물의 날줄과 씨줄로 짜였다. 그의 시는 사물의 실존을 통과해, 끊임없이 '나'를 사유케 한다. 서정시는 언어 이전의 감정의 갈피이다. 그의 시는 파란만장한 자신의 삶처럼 혼돈과 외침의 시다. 다양한 주체를 통해, 말을 빌려 사회를 향해 목소리를 낸다. 언어는 쉽고 단순한 것 같으나 비범한 성관을 쌓으면서 형상화시키고 있으며 허상을 벗고 구체적 현실을 묘사한다.

서정시는 시간 속에서 시인과 만나 공간을 뚫는 작업이다. 때로는 형이상학으로, 때로는 형이하학으로 전이된다. 시는 경험의 길이자, 초월의 길이다. 그의 시는 절박한 자의 고독과 늑골을 찌르는 아픔이 있다. 세상의 벽과 공직 사이에서, 뚜벅뚜벅 문사(文士)의 외길을 홀로 걸어간다. 아무리 어려운 절벽을 만나도 사람들과 소통하며, 공감의 언어를 찾아 나선다. 뭐 하나 내세울 게 없지만, 그는 늘 당당하다. 이번 장사현의 시집 『발표할 수 없는 소설』은, 문학을 사랑하는 한 사내의 소설 같은 한 권의 시집 이야기다.

장사현은 《영남문학》이란 등불을 들고 평생 고독하게 문학의 외길 인생을 걸어오고 있다. 온갖 비바람을 맞으며 매서운 눈보라 속을 헤쳐 나왔다. 오로지 문학을 위해, 문학인을 위해 그는 '디오게네스의 등불'을 들고 의인을 찾아 헤맸다. 어쩌면, 문사(文士)란 그리운 것들을 찾아주는 사람이 아닐까. 시대를 초월하여 조화로운 세상을 꿈꾸게 하는 의인이 아닐까. 까맣게 잊어버린 기억을 복원해 주며, 두고두고 읽어도 또 보고 싶은 서정시 한 편을 남기는 사람이 아닐까. 행복하고 밝은 쪽보다, 그늘지고 멍든 이들을 위해 시인은 노래 불렀다.

작가의 이번 시집 『발표할 수 없는 소설』은, 언어를 통해 자신만의 결 고른 삶의 고단을 직조하였다. 사실의 세계를 지나 진실의 세계 너머에, 그의 시는 닿아있다. 시인은 대상을 통해 현실을 재구성한다. 현대의 무수히 난해한 시들이 판을 치는 오늘의 시단에, 그의 시는 체험을 소재로 사물을 구체화시키면서 문학적형상화에 이르고 있다. 달빛이 배꽃 가지에 말을 거는 것처럼 아늑하고 정겨운 서정시이다. 그의 시는 행간에 백설기 같은 흰빛이 돈다. 아픈 삶의 상처를 곰삭혀, 읽는 이로 하여금 가슴 뭉클하게 한다. 그의 서정시는 사람살이의 냄새가 정겹다. 강의 언어와 산의 언어가 좋다. 장사현은 언제나 삶의 구체성에서 자신만의 언어를 길어 올린다. 하여, 그의 서정시의 주제는 전통과 향수, 사랑과 이별, 해학과 풍자, 삶과 꿈의 이미지로 드러난다. 그의 시가 깊은 울림을 주는 것은 절실한 '그 무엇'의 감동이 있기 때문이다.

 장사현의 시집 속에는 짧은 서평을 통해 다루지 못한 무수한 수작들이 즐비하다. 그의 시편에는 유년의 아린 추억, 공무원 생활을 통한 그의 이념, 어머니와 아내로 이어지는 견고한 가정과 사랑, 문예운동가로서의 고뇌를 예술적으로 승화시켰다. 또 그의 고향과 현재 살고 있는 지역을 소재로 쓴 시들은 또 다른 브랜드가 될 것이다. 시인은 밤별 속에 순수를 찾아가는 사람이다. 시는 개인의 작업이지만, 소통과 공감을 줄때 명시로 남는다. 언제나 시는 울음의 형태로 영혼을 새기는 고해(苦海)의 작업이다. 시는 일상의 삶을 통해 재발견하는 예술이다. 현대 사회가 아무리 복잡다단하지만, 인간의 근본은 감성에 있다. 장사현의 시는 따뜻하다. 우리는 그의 시를 '달빛에 물든 상처와 햇빛에 여문 시'로 규정한다.

국제PEN한국본부
창립70주년기념 시인선 12

발표할 수 없는 소설

저자 **장사현**

기획·제작 **국제PEN한국본부** pen | 이사장 **김용재**
International PEN-Korea Center

발행일 2023년 7월 27일

발행처 기획출판오름 Orum Edition

발행인 김태웅

등록번호 동구 제 364-1999-000006호

등록일자 1999년 2월 25일

주소 대전광역시 동구 대전로 815번길 125

전화 042-637-1486

팩스 042-637-1288

e-mail orumplus@hanmail.net

ISBN _ 979-11-89486-84-6

값 13,000원

· 본 책 내용의 전부 또는 일부를 재사용하려면 반드시 저자의 동의를 얻어야 합니다.